AF588901

LE PRIX DU SILENCE,

COMÉDIE

EN TROIS ACTES ET EN VERS;

DE M. DE BOISSY.

Représentée pour la premiere fois sur le Théâtre Italien, le 26 Février 1751.

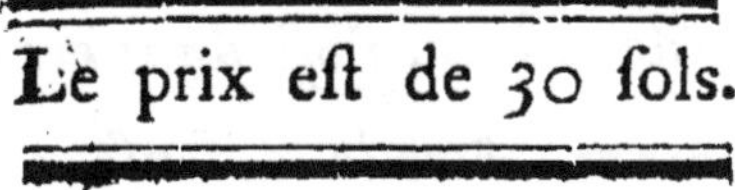

Le prix est de 30 sols.

A PARIS,

Chez la Veuve CAILLEAU, Libraire, rue Saint Jacques, au-dessus de la rue des Mathurins, à Saint André.

M. DCC. LI.

A MADAME
LA MARQUISE
DE
POMPADOUR.

PROTECTRICE des Arts, j'oſe dans cet Ouvrage ;
De ton Sexe charmant, être le défenſeur ;
Et je t'en dois le juſte hommage :
Son regne aimable eſt la douceur,
Nous en faiſons l'heureuſe épreuve ;
Par les dons de l'eſprit, il eſt notre vainqueur ;
Il nous ſurpaſſe encor par les vertus du cœur,
Et POMPADOUR en eſt la preuve.

ACTEURS

LA MARQUISE, *Veuve.*

LEANDRE, *Frere de la Marquise.*

LISIDOR, *Amant de la Marquise.*

ROSIMON, *Cousin & Rival de Lisidor.*

DORANTE, *autre Rival.*

DUBOIS, *Valet de Chambre de la Marquise.*

ARLEQUIN, *Valet de Lisidor.*

La Scene est à Paris, chez la Marquise.

LE PRIX DU SILENCE, COMÉDIE.

ACTE PREMIER.

SCENE PREMIERE.

LEANDRE, DUBOIS.

LEANDRE.

OUI, j'arrive à l'inſtant, Dubois quelle nouvelle ?
Que fait la Marquiſe, ma ſœur ?
Comment va ſa ſanté ?

DUBOIS.

Monsieur, comme son cœur;
Tantôt mal, tantôt bien.

LEANDRE.

De quelle humeur est-elle?

DUBOIS.

Vous m'embarrassez, son humeur....
A définir, elle est étrange;
Selon que le vent est tourné,
A tous les instans elle change;
Le matin il fait sombre & clair l'après dîné,
Le soir l'air s'obscurcit, & le tonnerre gronde.

LEANDRE.

Ma sœur à mon départ, avoit pris dans le monde;
De la Femme du jour, tous les essors brillans.

DUBOIS.

Elle a fixé son vol, & depuis quelque tems,
Elle creuse à tel point la raison qui l'égare;
Que la réflexion rend son esprit bizarre,
Et qu'elle devient folle à force de bon sens.

LEANDRE.

Cette folie attaque peu de gens.

DUBOIS.

Dans le nouvel accès, qui de ſon cœur s'empare,
Elle prend pour tous ſes Amans,
Oh ! la plus belle haine, & dont elle ſe pare.
Son paſſe-tems le plus picquant,
Eſt de jouir, en l'augmentant,
De tout leur ridicule : il eſt vrai qu'il eſt rare,
Autant que nuancé de diverſes couleurs ;
C'eſt pour ſes yeux malins un parterre de fleurs.

LEANDRE.

Le Préſident.

DUBOIS.

Eſt un avare.
Honteux de l'être, il répand d'une main,
Ce que de l'autre il ramaſſe ſoudain.

LEANDRE.

Le Chevalier.

DUBOIS.

L'uſurier qui le preſſe ;
Eſt l'objet de ſon premier ſoin.
Tous les deux, dans Madame, adorent la richeſſe :
Mais l'un prodigue la tendreſſe,
Par avarice, & l'autre par beſoin.

LEANDRE.

Cléon, qui pour elle compoſe. . :

DUBOIS.

Il fait des vers abondamment ;
Et n'a jamais senti la valeur la prose.

LEANDRE.

Mais le Comte....

DUBOIS.

Oh ! Monsieur, sa noblesse qui ment
Ne vaut pas une franche & parfaite roture ;
Chez lui, jusqu'à son nom, tout est une imposture.

LEANDRE.

Dorante le leger se croit un papillon.

DUBOIS.

Bon, étourdi bruyant qui n'est qu'un hanneton.

LEANDRE.

Rosimon son contraste....

DUBOIS.

Important à la glace !
Le sang froid de l'orgueil est empreint sur sa face.
Il croit vous honorer de vous repondre un mot ;
Il faut souvent finir la phrase qu'il commence,
Et ne pouvant jamais construire ce qu'il pense,
Au ton d'un Fat, il joint l'esprit d'un sot,
Voilà la cour en bref de ma Maitresse.

LEANDRE.

Pour des originaux d'une pareille espéce ;

Son mépris est fondé ; mais mon meilleur ami,
Mais Lisidor qu'elle a banni ;
Par un excès de son caprice,
Ne le mérite pas.

DUBOIS.

Paris est réuni,
Pour louer son mérite, & l'on lui rend justice ;
On peut dire qu'il est un Amant accompli :
Ses bonnes qualités s'assortissent aux vôtres.

LEANDRE.

L'aime-t-elle au fonds ?

DUBOIS.

Trop : oüi, je crois qu'en effet
A force de l'aimer, en dépit qu'elle en ait,
Elle le hait, Monsieur, encor plus que les autres;
Depuis peu cette aversion :
S'étend même sur tous les hommes.

LEANDRE.

Quoi ? sans nulle exception,
Nous sommes abhorrez ?

DUBOIS.

Oüi, tous tant que nous sommes,
Et par un contre-coup, Madame dans ce jour,
Est Misantrope par amour.

LEANDRE.

On parle cependant d'un ſecond mariage :
Qui doit être au plûtôt conclu.

DUBOIS.

Dans ſon cœur autant que j'ai lû,
Ses ſentimens démentent ſon langage ;
Vous pourrez d'elle-même en ſçavoir davantage :
Elle vient : dans ſon ame, il fait beau maintenant,
Je vous laiſſe, Monſieur, profitez du moment.

SCENE II.

LEANDRE, LA MARQUISE.

LEANDRE.

DOIS-JE croire, ma Sœur, ce qu'on vient de me dire ?
Vous vous remariez, ſans daigner m'en inſtruire.

LA MARQUISE.

Ah ! j'en ris : à votre retour,
Mon frere, dites-moi, qui vous a fait ce conte ?

LEANDRE.

Tout Paris. C'eſt ma ſœur, la nouvelle du jour.

LA MARQUISE.

Comme à la publier, la Renommée est prompte !
Et l'Epoux ?

LEANDRE.

On l'ignore, on en nomme plusieurs ;
Le Chevalier, le Président, le Comte,
Que sçai-je, moi ? tous vos Adorateurs.

LA MARQUISE.

Cette nouvelle qu'on raconte,
Leandre, entre nous deux n'est qu'une fiction,
Elle est de mon invention.

LEANDRE.

Marquise, pourquoi donc l'avez-vous répandue ?

LA MARQUISE.

Pour allarmer cette cohue,
Qui sans cesse, à briguer ma main,
Paroît follement empressée :
J'entens déja d'ici bourdonner leur essein ;
Et de leur crainte intéressée,
Voluptueusement, d'avance je jouis :
L'allarme sur le front, ils vont bientôt paroître.
Que j'en vais rire !

LEANDRE.

A vos dépens peut-être.
Plus je vous examine, & plus je suis surpris.

Ma Sœur, depuis votre veuvage
Quel changement s'eſt fait en vous?
Pendant le cours de votre mariage,
Tout le monde admiroit votre air modeſte & doux,
Votre diſcours ſenſé, votre conduite ſage;
L'égalité d'eſprit étoit votre partage:
Préſentement vous vous faites honneur
Du caprice ou de la folie,
Et vous portez ſouvent l'humeur
Juſques à la bizarrerie.
Vous n'êtes point coquette à la rigueur,
Mais vous en avez l'air; & tout peſé, ma ſœur,
La ſageſſe trop étourdie,
Dont le maintien n'eſt pas décent,
Nuit plus dans le public, que le vice prudent:
Qui, des traits de la modeſtie,
Sçait ſe maſquer adroitement;
Des dehors, non du cœur, votre gloire dépend.

LA MARQUISE.

Cet aveu, me fait voir combien je vous ſuis chere,
Et je dois le payer du mien,
Oüi, je vous aime trop, & vous penſez trop bien;
Pour ne pas obtenir ma confiance entiere!

Votre estime est un bien qui m'est trop précieux.
Pour la mériter à bon titre ;
Je dois justifier ma conduite à vos yeux :
Vous jugerez après, & serez mon arbitre.
Pour vous ouvrir mon ame avec sincérité,
Sur le choix d'un époux ma jeunesse imprudente
Ne consulta que mon œil enchanté !
Je me laissai surprendre à la beauté
D'une figure séduisante ;
Et j'oubliai la qualité
La plus solide & la plus nécessaire ;
C'est la bonté du caractere,
Formé par la douceur & par la probité,
Sur la foi d'un dehors aimable,
J'épousai le Marquis, & je le crus parfait.
L'Hymen me détrompa, je vis que j'avois fait
Une méprise épouvantable,
Et cet Amant charmant qui n'adoroit que moi,
Dont l'apparence étoit si belle,
Dès qu'il eut obtenu ma foi,
Devint un Maître dur qui m'imposa la loi,
Et voulut seul avoir le droit d'être infidéle :
Je dévorai mes pleurs, & sous un front serein,
J'eus la force en public de cacher mon chagrin.
A la fleur de ses ans il finit sa carriere :
Dans cet instant fatal, il reconnut son tort,
Et pour le reparer me fit son héritiere ;
J'en fus reconnoissante & j'honnorai sa mort

Sincérement des pleurs qu'elle mérite.

LEANDRE.

Chacun a jusques-là loué votre conduite,
Pourquoi donc en changer ?

LA MARQUISE.

En voici la raison,
L'éclat de ma fortune a rempli ma maison,
D'une foule d'Amans, que l'intérêt attire ;
De ces avares soins, mon cœur n'est point flatté.
Je n'en fais point d'honneur à ma beauté.
C'ést pour mes biens qu'elle soupire :
Voilà l'objet dont ils sont tous épris ;
Leur avantage les occupe.
Dans ma position il n'est que deux partis,
Ou de m'en divertir, ou d'en être la dupe,
Le premier est plus sage, & ma raison l'a pris :
Soit pour les éprouver, ou soit pour m'en défaire
Je joue exprès, forçant mon caractere,
La petite Maîtresse, & ses airs étourdis :
Je porte les écarts jusqu'à l'extravagance,
Tous mes propos n'ont pas le sens commun,
Mes procédés sont pleins d'impertinence ;
Mais par malheur je n'en dégoute aucun :
Plus je suis folle, & plus leur sottise m'encense.
Plus j'accrois leur nombre importun,
Le don d'extravaguer attire l'affluence.

Auprès des hommes d'apréſent,
C'eſt un droit pour leur plaire, & ſi l'on n'eſt frivole,
Si mon ſexe, comme eux, n'eſt leger, inconſtant,
Railleur, faux, ſingulier, bizarre, inconſéquent;
Il eſt d'un mauvais ton, & leur troupe s'envole;
Il faut le reſſembler pour être leur idole.

LEANDRE.

Ma ſœur, tels qu'ils ſont cependant,
Vous voulez avoir leur hommage.

LA MARQUISE.

Non, j'ai, mon frere, un but plus ſage:
C'eſt, pour les démaſquer, que je les flatte tous.
Votre ſexe orgueilleux uſurpe un avantage
Qu'il ne mérite pas, dont mon cœur eſt jaloux.
Je veux vanger le mien de cet outrage,
Et faire voir qu'ils ſont plus imparfaits que nous.
Ils veulent marcher ſur nos traces,
Mais leurs efforts ſont ſuperflus,
Car ils défigurent nos graces;
Ils outrent nos défauts, & n'ont pas nos vertus.

LEANDRE.

A ce ſujet vous vous plaignez ſans cauſe;
Nous vous donnons le pas en toute choſe.
Nous louons votre eſprit, nous...

LA MARQUISE.

Eloge insultant !
Votre mépris pour nous fait votre politesse ;
Vous nous traitez comme un enfant,
Qui vous dit une gentillesse ;
Si votre orgueil le flatte en ce moment,
C'est par égard pour sa foiblesse,
Et par compassion, vous lui faites caresse.

LEANDRE.

Je vois que l'homme est mal dans votre esprit :
Et vous le méprisez.

LA MARQUISE.

Oüi, de toute mon ame.

LEANDRE.

Vous suivez trop votre dépit,

LA MARQUISE.

Mais je lui rends justice, il vaut moins que la femme :
Avant la fin du jour je veux le démontrer ;
Tout ce qu'il nous reproche, il l'a pour appanage,
Il est plus sot, plus fat, plus long à se parer,
Plus curieux, plus foible, plus volage ;
Et plus causeur :

LEANDRE.

Ma sœur !

LA MARQUISE.

C'eſt ſans exagerer.
La fureur de parler eſt le vice des hommes ;
Ils ſont tous indiſcrets plus que nous le ſommes,
Ils ne peuvent rien taire, un ſeul point excepté,
C'eſt l'argent qu'on leur a prêté.
Rien n'arrête d'ailleurs leurs langues infidelles,
Qui divulguent dans tout Paris,
Les plaiſirs qu'ils font aux amis,
Et les bontés que pour eux ont les belles ;
Et même les bienfaits qu'ils n'ont pas reçus d'elles.

LEANDRE.

Vous peignez là les malhonnêtes gens.

LA MARQUISE.

Mais je peins le grand nombre, & ſur notre chapitre,
Ils le ſont preſque tous : oüi, vos Héros brillans
Font même gloire de ce titre.
Un triomphe éclatant pour leur fatuité,
Eſt de ternir l'honneur d'un ſexe ſans défenſe,
Dont le plus grand défaut eſt ſon trop de bonté
Pour des ingrats, prompts à lui faire offenſe.
Parce qu'ils ſont toujours ſûrs de l'impunité ;
Les Perfides entre eux ont plus de probité.
Par la crainte qu'ils ont d'une juſte vangeance,
Ils font le mal par volupté,
Et ſuivent l'honneur par prudence.

LEANDRE.

Je vois par ce discours où regne le courroux,
Que vous ne choisirez jamais un autre Epoux.

LA MARQUISE.

Il faudroit pour cela que le ciel eût fait naître
Un personnage exprès qui fût digne de l'être ;
Vrai, désintéressé, franc, discret comme vous.

LEANDRE.

Ah ! de tels éloges ...

LA MARQUISE.

Mon frere,
De tels éloges vous sont dûs,
Je vous connoîs sur tout & secret & sincére :
Si je garde ma main, c'est à ces deux vertus.
Je veux dans un Amant trouver un bien si rare ;
Qu'il soit mon conseiller, & jamais mon flatteur.
En lui je cherche un conducteur,
Qui guide ma raison, & non pas qui l'égare,
Pour profiter après de mon erreur.
Surtout la chose dont je tremble,
Est le débit usé de cent fausses douceurs ;
Je veux des vérités, & non pas des fadeurs ;
Si l'on fait mon portrait, je veux qu'il me ressemble ;
Qu'on se taise plûtôt sur mes foibles appas,
Que de venir louer avec fracas,

Tous les défaurs que je rassemble ;
Et les vertus que je n'ai pas.
Il faut, pour être, enfin, digne de mes tendresses,
Que par des procédés, on prouve ses transports ;
Il faut en même-tems m'éclairer sur mes torts,
Me montrer mes travers & taire mes foiblesses.

LEANDRE.

Votre systême est sage à tous égards.
Il mérite qu'on l'applaudisse,
Et le motif excuse vos écarts,
Vous cachez la raison, sous les traits du caprice.

LA MARQUISE.

Comme je l'attendois, vous me rendez justice.

LEANDRE.

Si la franchise jointe à la discrétion
Doit décider votre inclination :
Je sçai quelqu'un qui les allie,
Ma sœur, dans la perfection.

LA MARQUISE.

Nommez cet honnête homme & je me remarie.

LEANDRE.

C'est Lisidor, c'est mon ami.

LA MARQUISE.

Qui proposez-vous là ?

LEANDRE.

Le ſeul qui vous mérite.

LA MARQUISE.

Ah! ne m'en parles point, ce n'eſt qu'un hipocrite.

LEANDRE.

Non, vous l'avez injuſtement banni.

LA MARQUISE.

Je l'ai banni pour le connoître,
Et je l'ai dévoilé, mon art a réuſſi,
C'eſt l'Inconſtant honteux de l'être.

LEANDRE.

Il vous eſt attaché, ma Sœur, uniquement :
Il a rempli votre ordre aveuglément.

LA MARQUISE.

Pour ſuivre Hortenſe à la campagne,
Vous riez à ce nom ! qu'a-t-il donc de plaiſant?

LEANDRE.

Rien. Loin de vous, la triſteſſe en tous lieux l'accompagne.

LA MARQUISE.

C'eſt là ſon caractére, il aime triſtement,
Il ſoupire, il adore avec mélancolie;
Moi, je hais, il eſt vrai, mais avec enjoûement;
Ma haine ſaiſit tout par le côté plaiſant :

Et

Et pour la rendre plus jolie,
Je lui donne toujours l'habit de la folie.

LEANDRE.

Son amour feroit gai, s'il étoit plus content;
Changez fon fort.

LA MARQUISE.

Non, reftons comme nous fommes;
Et laiffons-là ce chapitre importun.
Je veux rire de tous les hommes,
Et n'en favorifer aucun.

LEANDRE.

Ses foins prouveront fa conftance;
A fon retour prochain.... mais on vient. C'eft lui, non;
C'eft votre homme de confiance.

SCENE III.

LEANDRE, LA MARQUISE, DUBOIS.

DUBOIS.

JE vous interromps, mais pardon,
Je viens pour un cas d'importance;
Votre antichambre eft pleine d'envoyés,
Madame, impatients d'être congediés;
Frontin, Pafquin, Jafmin, la Tulipe, la France,
Champagne, Bourguignon, demandent audience;
Leurs Maîtres empreffés les députent vers vous:
Chacun vient de leur part chargé d'un billet doux.

LA MARQUISE *à Léandre.*

Mon artifice prend le tour que je ſouhaite ;
Et de mon faux Hymen le bruit les inquiéte :
Ils ne ſçavent à qui je dois donner ma main.

DUBOIS.

Pour rendre leur Troupe complette,
Il ne manque plus qu'Arlequin ;
Juſtement je le vois paroître.

LEANDRE.

Il vous vient annoncer le retour de ſon Maître.

DUBOIS.

Les autres viendront-ils préſenter leurs placets ?

LA MARQUISE.

Non, allez vous-même les prendre,
Et j'y ferai réponſe : ils n'auront qu'à l'attendre ;
Vous la leur remettrez.

DUBOIS.

Oüi, Madame, j'y vais.

Il rentre.

SCENE IV.

LEANDRE, LA MARQUISE, ARLEQUIN.

ARLEQUIN.

LEs vertus de mon Maître, & mon propre mérite
Doivent me faire écouter le premier.
Il arrive, Madame, & vous oſe prier
Humblement, par ma voix d'agréer ſa viſite.

Son état va vous effraier ;
Il eſt ſi fort maigri, qu'il eſt méconnoiſſable.

LA MARQUISE.

Il ſort d'une campagne, où regnent les plaiſirs,
Il a dû s'amuſer.

ARLEQUIN.

Non, je me donne au diable,
Il ne vivoit que de ſoupirs.
Son chagrin l'emportoit, j'avois beau le combattre:
Si pour le ſoutenir, & par compaſſion
Je n'euſſe au moins mangé pour quatre,
Il ſeroit mort d'inanition.
Je vais vous dire un trait...

LA MARQUISE.

Point de digreſſion.
Abrégez.

ARLEQUIN.

Soit, en trois mots je m'énonce,
Madame, Monſieur vous écrit.
Tenez, liſez, faites réponſe.
Elle preſſe, j'attends, j'ai dit.

LA MARQUISE.

Paſſez dans l'anti-chambre, allez.

ARLEQUIN.

Cela ſuffit.

Il ſort.

SCENE V.

LA MARQUISE, LEANDRE.

LA MARQUISE *lit.*

QU'apprens-je ! à mon retour, votre hymen se publie !
Ciel ! à qui devez-vous engager votre foi ?
Ma tendresse en fremit, qu'elle en soit éclaircie.
Un mot va me donner le trépas ou la vie.
Non, pour ce choix fatal, qui m'agite d'effroi,
Mon cœur doit craindre tout du vôtre.
J'expire de douleur, s'il rend heureux un autre ;
Et je meurs de plaisir, s'il est tombé sur moi.

LEANDRE.

Voilà, de sa constance, un trop sûr témoignage ;
Et votre cœur en doit être content.

LA MARQUISE.

Non, c'est l'esprit qui parle, & non le sentiment ;
Le véritable Amour est simple en son langage :
Sans hyperbole, il se plaint de ses maux.
Les plus exagerez sont toujours les plus faux ;
Et s'il en disoit moins, j'en croirois davantage.

LEANDRE.

Faut-il vous parler franchement ?
Vous le chicannez trop, Marquise,
Pour qu'il vous soit indifférent.

LA MARQUISE.

Non, il ne me l'eſt pas vraiment,
Et l'averſion que j'ai priſe
Pour toute votre eſpéce univerſellement,
Se ramaſſe ſur lui particuliérement.

LEANDRE.

On vous apporte ici, pour vous rendre contente,
Dequoi faire briller cette haine charmante,
Aux dépens de mon ſexe entier.

SCENE VI.

LA MARQUISE, LEANDRE, DUBOIS *chargé de pluſieurs billets.*

LA MARQUISE.

JETTONS les yeux, pour m'égaier,
Sur le premier billet que le ſort me préſente.

Elle lit un Billet que Dubois lui préſente.

»Qui de nous eſt l'époux dont vous cachez le nom?
»Pour réponſe un ſeul mot, écrivez, Roſimon.

Après avoir lû.

On ne peut pas être plus laconique,
Son Couſin Liſidor ne lui reſſemble point.
Il eſt diffus au dernier point.

LEANDRE.

Il eſt vrai qu'il n'a pas ſa morgue phlegmatique,
Roſimon eſt le fat le plus froid de Paris.

LA MARQUISE.

Avec préciſion, j'aime que l'on s'explique.

LEANDRE.

Eh! le peut-on quand on eſt bien épris?
Non, l'amour eſt prolixe, & l'orgueil eſt précis.

DUBOIS.

J'en tiens un tout muſqué.

LA MARQUISE.

Ce premier doit ſuffire,
Je ſçai par cœur leurs ſentimens,
L'intérêt les anime, ou l'orgueil les inſpire:
C'eſt le même billet en termes différens.

LEANDRE.

Pour expédier tout cela,
Marquiſe, vous auriez beſoin d'un Sécretaire.

DUBOIS.

J'en fais les fonctions.

LA MARQUISE.

Oui, Dubois m'aidera.

LEANDRE.

Son ſecours vous eſt néceſſaire,
Et ſi vous répondez à tous ces billets-là,
Vous aurez tout au moins dix réponſes à faire.

DUBOIS.

Il me vient une idée heureuſe, ſinguliére.

A la Marquiſe.

Ne faites qu'une...

LA MARQUISE.

Eh bien?

DUBOIS.

J'en ris,
Qu'une réponse circulaire,
Qui servira pour tous les dix,
Abréger est toujours la meilleur maniére,
Vous l'écrirez, je mettrai le dessus.

LA MARQUISE.

Oui, je l'approuve d'autant plus
Qu'elle m'offre un moyen de tendre un heureux piége
A leur amour propre indiscret.
C'est où je les attends, mon frere, l'avouerai-je,
Mon triomphe seroit parfait,
Si j'avois le bonheur, de rendre d'un seul trait,
Ridicule à jamais leur troupe qui m'assiége.
Si ma juste haine pouvoit
En elle humilier tous les hommes ensemble,
Dans chacun d'eux punir avec éclat,
Tous les vices divers que leur sexe rassemble,
Jouer le fourbe & châtier l'ingrat,
Tromper l'avare, & confondre le fat :
Si je pouvois enfin rendre guerre pour guerre,
Au médisant qui nous noircit,
Et sans pitié livrer au sifflet du Parterre
Tous ceux qui contre nous abusent de l'esprit.

LEANDRE.

Oh! vous en dites trop.

LA MARQUISE.

Mais je prends ma revanche,

Mon frere, & j'ufe de mes droits.
Je fuis vindicative autant que je fuis franche,
Et vous foyez difcret. Adieu, venez, Dubois.
Elle rentre avec Dubois.

SCENE VII.

LEANDRE *feul.*

NE nous rebuttons point : pour la rendre propice,
Aux feux de Lifidor, redoublons notre ardeur.
Forçons la haine à lui rendre juftice,
Et que l'amour conftant fubjugue le caprice,
Ou l'excès de raifon qui domine ma foeur.

Fin du premier Acte.

ACTE II.

SCENE PREMIERE.

LISIDOR, LEANDRE.

LISIDOR.

RENTRE, que je te parle ; ici je viens moi-même,
Dans mon impatience interroger ta ſœur,
Son cœur, Léandre, eſt l'oracle ſuprême
Qui peut lui ſeul prononcer mon bonheur.
Je ſçai qu'elle t'écoute, & je ſçai qu'elle t'aime,
Dis, l'as tu vû ? As-tu parlé pour moi ?
A-t'on remis ? A-t'elle lû ma Lettre ?
Parle, romps ce ſilence, il me glace d'effroi,

LEANDRE.

Je le romprai, ſi tu veux le permettre.
Calme tes ſens, modere ce grand feu :
De ton Billet, que ma ſœur vient de lire,
Tu recevras la réponſe dans peu.
Elle eſt dans le moment occupée à l'écrire.

LISIDOR.

Cette réponse, ami, que je désire,
Accroît mon trouble au lieu de l'appaiser.
Penses-tu qu'elle soit favorable à ma flamme?

LEANDRE.

La Marquise, s'il faut ne te rien déguiser,
Croit qu'Hortense, en secret, assujettit ton ame.

LISIDOR.

Il falloit la désabuser,
Et lui dire qu'elle est ta femme.

LEANDRE.

Peux-tu bien me tenir un langage pareil,
Toi, le seul confident, le témoin, le conseil,
Du secret himen qui nous lie?
D'un silence profond, sa fortune dépend.
D'un oncle rigoureux, tu sçais qu'elle l'attend.
Tu sçais qu'il est d'autant plus redoutable,
Qu'Hortense a refusé trois partis de sa main;
Et qu'il a fait, sensible à ce dédain,
De la deshériter, un serment effroyable,
Si jamais elle osoit choisir un autre époux;
Dans sa parole il est inébranlable,
Et jamais aucun frein n'arrêta son courroux.

LISIDOR.

J'ai tort, pardonne, je te prie.
Un amant allarmé s'oublie,
Et son trouble le rend distrait.

LEANDRE.

Mais à d'autres dans ta saillie,

Prends garde, en t'oubliant, de dire mon ſecret;
Et par diſtraction, ne ſois pas indiſcret.

LISIDOR.

Ah ! Mille fois plûtôt que je perde la vie !
Dans le fond de mon cœur, il eſt enſeveli.
Crois ce cœur.

LEANDRE.

Je le crois, il a toujours rempli
Tous les devoirs d'un ame tendre.
Par l'amour même, il s'y voit affermi.
C'eſt ce feu ſi parfait qui raſſure Leandre,
Un véritable amant eſt un diſcret ami.

LISIDOR.

Pour mériter ces noms, je dois être fidelle
A l'amitié comme à l'amour;
Mais la circonſtance eſt cruelle.
Il faut que j'immole en ce jour,
Au ſecret de tes feux, l'intérêt de ma flamme.
La Marquiſe ſoupçonne injuſtement mon cœur.
Je ne puis détromper ſon ame
Dans cette opinion fatale à mon bonheur.
Ta cruelle ſœur vient d'élire,
Sans doute un autre pour mari.
L'injuſtice m'avoit banni,
L'aveugle erreur va me proſcrire.
Dans ſa prévention ſon cœur eſt ſans pitié;
Il n'eſt plus rien qui pour moi la fléchiſſe.
Je ſerai jouet du caprice,
Et victime de l'amitié.

LEANDRE.

Non, sa bisarre humeur tourne en Misantropie.

LISIDOR.

Dis plûtôt en coquetterie,
Puisque j'ai vingt rivaux qui sont tous bien reçus.

LEANDRE.

C'est de sa part une supercherie,
Peut-être ce soir même ils seront tous exclus.

LISIDOR.

Si l'un d'eux est choisi ! Ce doute me déchire.

LEANDRE.

Tu seras bientôt éclairci ;
C'est tout ce que je puis te dire.

SCENE II.

LEANDRE, LISIDOR, ARLEQUIN,

ARLEQUIN.

MONSIEUR, fort à propos je vous rencontre ici.
Que votre amour se reconforte.
Pour ranimer son feu, je tiens, j'apporte
Un élixir, un beaume souverain.
Sur vous la simple vûe opérera soudain.

LISIDOR.

C'est la réponse à mon Billet.

ARLEQUIN.

Oüi.

LISIDOR.

Donne,

Ma main tremble en l'ouvrant, & mon ame frissonne. (*Il lit.*)

C'est Lisidor que je choisis ;
Qu'il fasse son bonheur, ma main est à ce prix.

(*Après avoir lû.*)

Ce que je viens de lire, & m'enchante & m'étonne.
Est-il possible ! O Ciel ! Je suis le fortuné.
Mon amour aujourd'hui va se voir couronné.

ARLEQUIN.

Qu'ai-je dit ? Elle est courte & bonne.
J'en étois le porteur, & cela suffisoit.

LISIDOR.

Que je relise encore & baise ce Billet.
Mon destin est si doux, & ma joie est si forte ;
Que je ne puis la contenir.

ARLEQUIN.

Comme la guaité vous transporte,
Ah ! C'est l'effet de l'elixir.
Mon Maître, embrassez-moi. Que je dois m'applaudir ! (*Il sort.*)

SCENE III.

LISIDOR, LEANDRE.

LISIDOR.

Leandre, eh ! quoi, tu gardes le silence !
Prends-donc part à mon sort ? partage mon plaisir.

LEANDRE.

Dans la part que j'y prens, j'écoute la prudence,
Pour goûter ce plaisir, attendons qu'il soit pur;
Songe que ton bonheur n'est pas encore sûr;
Il dépend du secret; garde qu'il ne transpire,
Arrête ce transport, étouffe un vain délire:
Rosimon vient vers toi d'un pas majestueux.
Il a l'air satisfait. Une tranquile joie,
Sur son front confiant, gravement se déploie,
Je vais rejoindre Hortense,& vous laisse tous deux.

(*Il sort.*)

SCENE III.

LISIDOR, ROSIMON.

ROSIMON.

AH! Reçois mon salut.

LISIDOR.

Et toi, ma révérence.

ROSIMON.

Te voilà déja revenu?

LISIDOR.

Tu le vois.

ROSIMON.

Que ne restois-tu?

LISIDOR.

Mais, j'avois mes raisons pour finir mon voyage.

ROSIMON.

Le prolonger eût mieux valu.

Je te l'aurois écrit, si c'étoit mon usage.

LISIDOR.

Je te suis redevable, il t'en eût trop coûté
Pour faire une pareille avance ;
Tu parles peu par vanité,
Et tu n'écris jamais par indolence.

ROSIMON.

Tu viens sçavoir....

LISIDOR.

Sur qui tombe la préférence.

ROSIMON.

Fort bien, tu crois la mériter.

LISIDOR.

Je puis, par mon amour, avoir cette espérance.
Plus que moi, Rosimon, tu parois t'en flatter.

ROSIMON.

Mon mérite....

LISIDOR.

Il est vrai, fonde ta confiance.

ROSIMON.

Lisidor!

LISIDOR.

Rosimon!

ROSIMON.

Je pense,
Que par le sang tu m'es uni.
Ce nœud....

LISIDOR.

Me fait un honneur infini.

ROSIMON.

Et j'estime assez ta personne.

LISIDOR.

Assez ! Tant de bonté m'étonne !

ROSIMON.

Je plains ton sort, j'en suis pres qu'attendri.

LISIDOR.

Presque !

ROSIMON.

Retourne-t'en, croi moi, pauvre banni,
Suis le conseil qu'un bon parent te donne.

LISIDOR.

Non, j'ai l'audace de rester.

ROSIMON.

Tu dois ici me redouter,
J'ai la bonté de t'en instruire.

LISIDOR.

Je me borne à vous respecter,
Et j'ai l'honneur de vons le dire.

ROSIMON.

Jusqu'à ce point tu m'oses résister.
J'admire ton orgueil.

LISIDOR.

Moi, votre modestie.

ROSIMON.

Si je pouvois parler.

LISIDOR.

Elle parle pour vous,
Epargnez-vous, Monsieur, cette fatigue horrible.
Sur votre front content, elle fait lire à tous,

En

En caractere intelligible,
Que vous êtes l'heureux époux.

ROSIMON.

N'acheve pas : c'est un mystére.

LISIDOR.

Rassurez-vous.

ROSIMON.

Je dois me taire.

LISIDOR.

Mais quand vous parleriez, je ne vous croirois point.

ROSIMON.

Mon triomphe....

LISIDOR.

Je le conteste.
Je suis incrédule en ce point
Autant que vous êtes modeste.

ROSIMON.

Mais à la fin je prendrai feu.

LISIDOR.

Toi, prendre feu ! Je t'en défie.
Malgré tout mon respect, trouve bon que j'en rie.

ROSIMON.

C'est trop mettre ma gloire en jeu.
A mon amour, quand il persiste,
Apprend donc que rien résiste,
Et mon ardeur est faite.....

LISIDOR.

Pour geler.

ROSIMON.

Un feu si doux remplit mon ame...

LISIDOR.

Si doux que sa chaleur ne doit pas te brûler;
Et tu dois transir dans ta flâme.

ROSIMON.

Tu forces mon orgueil d'être enfin indiscret;
Mais tu seras puni d'apprendre mon secret.

LISIDOR.

Comment donc? Tu finis ta phrase!
Tu gagnes à ce changement,
Et tu dois rendre grace au dépit qui t'embraze;
Mon cher cousin, il te rend éloquent!

ROSIMON.

Pour me vanger de ce trait insultant,
Lis ton arrêt sans plus attendre.
On t'avoit exilé, morbleu! Tu vas te pendre.

LISIDOR *lit.*

» C'est Rosimon que je choisis,
» Qu'il fasse son bonheur, ma main est à ce prix.

(à part, après avoir lû).

Juste Ciel que viens-je de lire?
C'est au nom près qu'elle a changé,
C'est le même billet qu'elle vient de m'écrire.

ROSIMON.

Ce coup te pétrifie. Adieu, je suis vangé.
Rends-moi ce garant de ma gloire.
Tu raillois, à mon tour je me mocque de toi,
Et par ce trait, qui comble ma victoire,
Je te laisse, en partant, beaucoup plus froid que moi.

Il sort.

SCENE IV.

LISIDOR *seul.*

OUI, je reste immobile, & je suis sans replique ;
Autant qu'il me surprend, ce tour sanglant me pique.

SCENE V.

LISIDOR, DORANTE.

DORANTE.

AH! te voilà, mon cher, j'entre.

LISIDOR.

Et je sors.

DORANTE.

Attens.

LISIDOR.

Je suis pressé.

DORANTE.

Non, Lisidor, demeure.

LISIDOR.

Dorante, je ne puis.

DORANTE.

Tu fais de vains efforts.
Je te retiens pour un quart d'heure ;

Et tu m'es néceſſaire : entre tous mes Rivaux
Je te diſtingue.

LISIDOR.

Abrégeons les propos.

DORANTE.

Et je vais te donner une preuve ſincére,
De mon eſtime ſiuguliere.
Nous ſommes tous deux ſans témoins,
Et de parler je me ſens un beſoin;
Mais un beſoin inexprimable.
J'ai ſur le cœur un ſecret qui m'accable;
Il m'étouffe inhumainement;
Je meurs, ſi je le garde une minute encore;
Mais je prétens, malgré l'ardeur qui me dévore,
Ne le verſer que dans un ſein prudent,
Je te connois diſcret; & ſans retardement
Je te choiſis.

LISIDOR.

Moi!

DORANTE.

Toi.

LISIDOR.

Le choix m'honnore.

DORANTE.

Je te conjure ici pour mon ſoulagement,
Sur tout pour ton propre avantage,
Ne ſois plus mon Rival, deviens mon Confident.

LISIDOR.

La propoſition...

DORANTE.

Eſt ſage,
Mon cher, ton intérêt m'engage
A te la faire, encor plus que le mien :
En vain dans ſon amour ton cœur s'opiniâtre ;
Il n'en doit plus attendre rien ;
La Marquiſe, entre nous, m'adore, m'idolâtre.

LISIDOR.

Va, de ta vanité, c'eſt une illuſion.

DORANTE *tirant un Billet de ſa poche.*

En voici la conviction,
Ecoute, mon très-cher, ces deux lignes charmantes
Ecoute, n'en perds rien; tous les mots ſont précis,
Et de mon ſort heureux, ſont les preuves touchantes.

Il lit avec volupté.

C'eſt Dorante que je choiſis,
Qu'il taiſe ſon bonheur, ma main eſt à ce prix.

Apres avoir lû.

Hem, maintenant doutes-tu de ma gloire,
Et ſon choix eſt-il incertain ?
Un autrefois tu daigneras m'en croire :
J'ai dû, pour le combler, t'apprendre mon deſtin.
Un triomphe ignoré, n'eſt pas une victoire.
Il faut un tiers au moins pour l'établir ;
Et ſans un Confident on ne peut le ſentir :
Adieu, mais chut ; en cette circonſtance
Le devoir d'un Amant conſiſte à bien choiſir :
Celui d'un Confident à garder le ſilence.

Il ſort.

SCENE VI.

LISIDOR *seul.*

ET de deux, un troisiéme à coup sûr va venir,
Et je ne reviens point de cette perfidie,
Mon feu, Marquise injuste, avoit-il mérité
Cette cruelle raillerie?
Tout mon sexe est l'objet de votre antipathie,
Vous ne distinguez rien, & la fidélité
Reçoit le même prix, que la fatuité.

SCENE VII.

LISIDOR, ARLEQUIN.

ARLEQUIN.

MONSIEUR, votre Avocat vous prie;
De passer ce matin chez lui.

LISIDOR.

Mon Avocat,
Mon Avocat, morbleu, m'ennuie.

ARLEQUIN.

Mais c'est un droit de son état;
Permettez qu'il en use, ainsi que ses Confreres.
Il dit que les Amans pour regler leurs affaires,
Auroient besoin d'un Curateur.

LISIDOR.

C'eſt un mauvais plaiſant, qu'il parle ou qu'il écrive.

ARLEQUIN.

De leur profeſſion, Monſieur,
Songez que c'eſt encore une prérogative,
Que l'on ajoute l'invective
Au talent d'ennuyer, & de plaiſanter mal,
On aura leur portrait d'après l'original.
Le vôtre vous demande, & ſon inſtance eſt vive.
Votre procès.

LISIDOR.

J'en ai dans ces lieux un.

ARLEQUIN.

Il faut.

LISIDOR.

Il faut que je le vuide avant de ſuivre l'autre.

ARLEQUIN.

Mais on vous a, dit-il, déja pris par défaut;
Et ſon zéle pour vous, doit réveiller le votre.

LISIDOR.

Dis que chez lui je paſſerai tantôt.

Arlequin ſort.

SCENE VIII.

LISIDOR, DUBOIS.

DUBOIS.

AH! ah! ce trait plaiſant m'épanouit la rate.

LISIDOR.

Pourquoi rire ſi fort?

DUBOIS.

Ce n'eſt pas ſans ſujet,
Monſieur, excuſez ſi j'éclate ;
Il n'eſt plus tems de garder le ſecret.
De vos Rivaux chacun ſe flatte ;
D'un bonheur qu'il n'obtiendra pas :
Madame vient de leur tendre un appas
Où s'eſt pris ſottement leur orgueil téméraire :
Sur la foi d'un Billet, ſource de grands débats ;
Qui leur promet ſa main, ſous le ſceau du myſtére,
Chacun ſe croit l'heureux, & divulgue tout bas,
Cette victoire imaginaire.

LISIDOR.

Mais ce Billet....

DUBOIS.

Eſt bien trouvé ;
Il part de mon idée, & doit être approuvé.

LISIDOR.

Vous avez tort, Dubois, & c'eſt la compromettre.

DUBOIS.

Non, point du tout ; ce n'eſt qu'un jeu badin,
Et ſage qui plus eſt, il l'éclaire en chemin.
Je ſçai que vous avez reçu pareille Lettre,
Mais, Monſieur, daignez vous remettre :
Ce ſtratagême heureux qui les a trompé tous,
Eſt pour eux un écueil ; qu'il ſoit un port pour vous ;
De l'indiſcrétion, qu'il leur a fait commettre,
Songez à recueillir le fruit,

Et riez avec moi de ce qu'elle a produit.
L'avare Préſident dans la douce eſpérance,
De poſſeder bientôt tant de riches tréſors,
N'a pû retenir ſes tranſports;
Son ſecret eſt déja ſçu de toute la France.
En même-tems l'indigent Chevalier,
Pour jouir d'un ſort plus tranquille,
A dit le ſien à plus d'un créancier,
Qui l'a redit aux trois quarts de la ville.
Le Comte menteur reconnu,
Qui, hors la vérité, ne peut jamais rien taire;
A déclaré tout haut qu'il venoit d'être exclu,
Pour perſuader le contraire;
Son art a réuſſi; tout le monde l'a cru:
Et par un trait encore plus comique,
Le grave Roſimon, votre illuſtre Couſin,
A chargé le diſcret Frontin,
D'ordonner en ſecret une Fête publique,
Pour rendre ſolemnel ſon bonheur clandeſtin.

LISIDOR.

Cette avanture eſt ſinguliere.

DUBOIS.

Pour mettre le tableau dans toute ſa lumiere,
Comme tous ces Meſſieurs venoient remercier
Ma Maitreſſe en particulier;
De ſa bonté vraiment riſible
Dorante de tous le plus fat,
Impertinent par gloire, étourdi par état,
Et Petit-Maître incorrigible,

A tiré tour à tour chacun d'eux à l'écart,
Et leur a lû, Monſieur, en confidence à part,
Le Billet doux qu'on venoit de lui rendre,
En leur faiſant modeſtement entendre
De laiſſer le champ libre à ſon amour diſcret,
Et les priant ſurtout de taire ſon ſecret.

LISIDOR.

Ce trait ne doit pas me ſurprendre
Puiſqu'il m'a fait le même honneur.

DUBOIS.

Son dernier Confident la bruſqué par malheur:
Son éclat a trahi le myſtére.
Ils ſe ſont tous dans ce cahos
Communiqué leur Billet circulaire.
Madame arrive à ce propos;
Et leur trouble eſt pour elle une fête charmante:
Avec un ris malin, ſa haine triomphante,
Inſulte à leur ſottiſe, & veut les chaſſer tous;
Mais pour demander grace, ils tombent à genoux;
Suppliant que leur peine au moins ſoit adoucie.

LISIDOR.

La révoque-t-elle?

DUBOIS.

Oüi; mais elle les châtie;
D'un ſupplice bouffon, & digne du délit.
Mon extrême bonté, Meſſieurs, a-t'elle dit,
Vous permet de jouir encor de ma préſence,
Mais il faut l'acheter par un profond ſilence;

Qu'exactement vous garderez ;
A ce prix ſeul vous me verrez :
Quand vous n'uſerez plus du don de la parole,
Je compte n'y rien perdre, & vous y gagnerez,
Le ſecret eſt un art, où vous vous formerez ;
Vous en avez beſoin, ce ſera votre école.

LISIDOR.

Sage punition, quoiqu'elle ſemble folle !
Leur langue eſt donc captive ?

DUBOIS.

Oüi, ces lieux déſormais
Ne retentiront plus de leurs cris incommodes ;
Madame, va ſe voir ſervir par des muets,
Et ſaluer par des Pagodes.

LISIDOR.

Ce Rôle à mon couſin, fera beaucoup d'honneur ;
C'eſt, pour le jeu muet, un admirable Acteur.

DUBOIS.

Il n'étoit pas de la diſpute,
Mais on payera ſon bal avant qu'il s'exécute.
Madame...

LISIDOR.

J'en rirois dans un autre moment ;
J'en recevrai peut-être un plus dur traitement.

DUBOIS.

Je n'y vois aucune apparence.
Pour mieux vous éclaircir du ſort qui vous attend,
Parlez lui ſeul, Monſieur, je la vois qui s'avance.

SCENE IX.

LISIDOR, LA MARQUISE.

LISIDOR.

MADAME, j'attens ma ſentence,
Un nouveau châtiment ſuivra-t-il mon rappel!
Je ſuis ſûr de mon innocence;
Et je ſens, devant vous, l'effroi d'un criminel.

LA MARQUISE.

Mais ſi vous n'êtes point coupable,
Qui vous inſpire cet effroi?

LISIDOR.

Oſerai-je le dire?

LA MARQUISE.

Oui, déclarez le moi.

LISIDOR.

Votre caprice inconcevable.

LA MARQUISE.

Ah! ce début eſt un peu fort.
Et vous indiſpoſez votre Juge d'abord;
La maladreſſe eſt effroyable.

LISIDOR.

Pardon, mais mon défaut eſt d'être véritable.

LA MARQUISE.

Ne vous excuſez point ſur cette qualité.
Auprès de moi, Monſieur, elle eſt recommandable;
Et j'aime mieux la vérité,

Même la plus désagréable,
Que la flatteuse fausseté.

LISIDOR.

Puisque la franchise vous flatte;
Je vais continuer, & vous dire sans fard;
Que votre procédé tient un peu de l'écart.
Pour une femme délicate,
Le billet...

LA MARQUISE.

Vous l'avez sur le cœur, je le voi,
Mais il n'est pas l'ouvrage du caprice;
En l'écrivant, j'ai suivi la justice.

LISIDOR.

Pour les autres: mais pour moi!

LA MARQUISE.

J'ai dû vanger mon sexe, & démasquer le vôtre;
Montrer qu'en avarice, en imbécillité;
En indiscrétion, en folle vanité,
Son esprit surpasse le nôtre;
J'ai réussi, j'ai donc raison:
Dans cet abbaissement, je veux qu'on le contemple,
Pour mieux l'humilier par la comparaison.
A tout Paris je devois cet exemple,
Pour la gloire du mien qui doit donner le ton.

LISIDOR.

Mais il le donne aussi, vous êtes nos Oracles
Dans les Cercles, dans les Spectacles.

LA MARQUISE.

Où toujours les premiers vous courez follemen

Pour étaler votre figure,
Et pour faire, Messieurs, briller votre parure;
Plûtôt que votre goût & votre jugement.
La nouveauté fait votre yvresse.
Moins frivoles que vous, nous n'y courons jamais,
Que quand l'ouvrage est bon, & qu'il nous intéresse;
Notre présence est le sçeau du succès;
Et nos larmes font mieux l'éloge d'une Piéce
Que tout ce vain fracas & ces battemens sots
Que vous donnez mal à propos,
Toujours aux cris, jamais à la justesse;
Si vous en jugez bien, vous êtes nos échos.

LISIDOR.

Mais nous en convenons, & vos arrêts suprêmes....

LA MARQUISE.

Vain compliment! tranchons en quatre mots.
Pour mieux nous abaisser, c'est un de vos systêmes;
Vous nous cédez la palme à faux
Dans les riens, dans la mode, où vous primez vous-mêmes;
De la frivolité, vous êtes les Héros.

LISIDOR.

Nous ne sommes que des copies.

LA MARQUISE.

N'affectez point, Messieurs, ces fausses modesties;
Vous êtes des originaux:
Vous l'emportez par les folies,
Nous par le vrai, par la solidité.

LISIDOR.

Ce n'eſt pas tout-à-fait votre plus beau côté.

LA MARQUISE.

Qui le dit ? votre eſpéce, en qui l'orgueil abonde;
Nous appellons de ſa malignité.
Mon ſexe eſt fait pour gouverner le monde,
Par la raiſon plus que par la beauté :
Le ſentiment fait notre autorité,
Lui, qui ſeul, des vertus eſt la ſource féconde,
Et le plus ferme nœud de la ſociété.

LISIDOR.

Oüi, par lui votre ſexe eſt un Roi reſpecté.
Tous les hommes ici lui cédent la victoire :
Ils ſont à ſes genoux, ſans être humiliés;
Et moi-même....

LA MARQUISE.

Arrêtez, vous êtes à ſes pieds,
Pour ſa honte ſouvent, & jamais pour ſa gloire.

LISIDOR.

Cette gloire n'a rien à craindre du reſpect.
L'hommage d'un Amant fidéle & circonſpect,
Loin d'en ternir l'éclat, lui donne un nouveau luſtre.

LA MARQUISE.

Fidele & circonſpect ! où trouver cet illuſtre
Qui s'oſe faire honneur des ſentimens,
Que tout votre ſexe mépriſe ;
Qu'il appelle chimere, ou vertu du vieux tems.

LISIDOR.

Vous le voyez en moi, mon cœur les réalise.
Pour rétablir leur culte, unissons-nous :
Vous seconder me sera doux.

LA MARQUISE.

Vous croyez donc avoir ces vertus ?

LISIDOR.

Je proteste,
Que je suis franc, secret, vrai, fidéle....

LA MARQUISE.

Et modeste.
En moins de mots on ne sçauroit,
De soi-même, Monsieur, faire un plus beau portrait.

LISIDOR.

Quant votre bouche m'interroge,
Je dois dire la vérité.

LA MARQUISE.

La vérité pour faire votre éloge !
Ah ! quel comble d'humilité !

LISIDOR.

On peut louer en soi, l'usage l'autorise,
Les qualités du cœur.

LA MARQUISE.

Par des discours ! jamais.

LISIDOR.

Mais j'ai prouvé par des effets
Ma discretion, ma franchise.

LA MARQUISE.

LA MARQUISE.

Toutes les deux fort à propos,
Et vous vous diſtinguez des autres.
Vous êtes franc pour dire mes défauts,
Et vous êtes diſcret pour me taire les vôtres.

LISIDOR.

Oh! je le ſuis en tout. C'eſt par-là que je vaux.

LA MARQUISE.

Pour oſer l'aſſurer, avez-vous fait vos preuves?
Voyons, examinons.

LISIDOR.

Oui graces aux épreuves,
Où m'a mis votre cruauté.

LA MARQUISE.

Mais ces preuves, où, quand ont-elles éclaté?

LISIDOR.

Madame, ici dans l'inſtant même,
Témoin ce billet ſingulier,
Qui m'a fait, du ſilence, une regle ſuprême,
Et que tous mes rivaux viennent de publier.
J'ai cru le faux bonheur, dont il flattoit ma flamme,
J'ai pourtant renfermé ce ſecret dans mon ame;
Je le ferai toujours malgré ſa fauſſeté.

LA MARQUISE.

Je le crois fort. Inſtruit de la ſupercherie,
Vous le tairez par vanité,
Maintenant qu'il vous humilie.
Il faut un trait plus fort, pour me convaincre bien
D'une diſcretion encor mal établie,

Et jusques-là je la compte pour rien.
Quant à votre constance, elle est d'une nature,
A ne pas me laisser dans la perplexité.

LISIDOR.

Rien ne peut l'ébranler, vous devez être sûre...

LA MARQUISE.

Oui de votre légéreté.

LISIDOR.

Quoi? vous me faites cette injure?

LA MARQUISE.

Mon doute est bien fondé.

LISIDOR.

Un doute suffit-il?
Me voilà bien payé de mon exil?
Quel garant, quel témoin prouve mon inconstance?

LA MARQUISE.

Ce même exil, Monsieur, dépose contre vous.
Vous y passiez vos jours avec Hortense.

LISIDOR.

Pour vous guérir de ce doute jaloux.

LA MARQUISE.

Jaloux! je vous trouve admirable.
Ce mot suppose de l'amour,
Monsieur, donc je suis incapable.
Mais vous extravaguez, depuis votre retour.
Quel excès d'amour propre! il est insoutenable.

LISIDOR.

Ah ! si j'ai de l'orgueil, vous l'humiliez bien !
Je vais corriger mon langage.
Sçachez, pour dissiper un soupçon qui m'outrage,
Qu'Hortense aime ailleurs.

LA MARQUISE.

Qui ? vous ne répondez rien.
Craignez-vous de nommer cet amant qui l'engage ?

LISIDOR.

C'est un secret, & qui n'est pas le mien,
Je n'en puis dire davantage.

LA MARQUISE.

Un secret, je veux le sçavoir.

LISIDOR.

Votre loi la plus juste, est mon premier devoir.
Vous m'avez ordonné d'être discret, Madame.

LA MARQUISE.

Parlez, dans ce moment, votre gloire le veut.

LISIDOR.

Lié par un serment, mon honneur ne le peut ;
Et l'amitié...

LA MARQUISE.

J'entens, Hortense la reclame :
Elle est donc votre amie ?

LISIDOR.

Et ma parente un peu.

LA MARQUISE.

Votre parente encore ? Après un tel aveu,

Je me tairai ſur ſon chapitre :
Pour l'aimer, c'eſt un double titre.

LISIDOR.

Vous êtes ſon amie auſſi.

LA MARQUISE.

Oui, Monſieur, puiſqu'il eſt ainſi,
Dites-moi ſon ſecret, tous bas, en confidence.

LISIDOR.

Vous ſçaurez d'elle . . .

LA MARQUISE.

Non, c'eſt trop de réſiſtance,
Inſtruiſez-moi, vous-même, & dans ce moment-ci,
Ou pour jamais évitez ma préſence.

LISIDOR.

Quel caprice étonnant dont je ſuis déſolé !
Votre rigueur injuſte, autant qu'elle eſt ſevere,
Punit tous mes rivaux pour avoir trop parlé,
Et me fait, à moi ſeul, un crime de me taire.

LA MARQUISE.

Mais à votre égard je le doi.
Je condamne en vous le ſilence,
Parce qu'il ſert de voile à l'inconſtance,
Et qu'il veut abuſer ma foi.
Ce procédé tient de la perfidie.

LISIDOR.

Vous me traittez encor plus mal que mes rivaux.

LA MARQUISE.

Mais vous le méritez ; ils ne ſont que des ſots,

Et c'eſt aſſez, contre eux de la plaiſanterie.
Un travers éclatant diſſipe mon ennui,
Il exerce mon ironie:
Je ris d'un ridicule, & je vis avec lui.
Mais un vice maſqué, qui veut tromper autrui,
Me donne de l'humeur, & je le congédie.

LISIDOR.

Oh! ma fidélité, comme on vous traveſtit!
Dans ce revers, ce qui m'aſſomme,
Je ne ſuis mal dans votre eſprit,
Que pour être trop honnête homme.

LA MARQUISE.

Honnête homme pour m'abuſer,
Diſcret pour mieux vous déguiſer,
Myſtérieux par art, & ſincere par feinte,
Vrai par diſſimulation,
Fidéle en public par contrainte,
Et perfide en ſecret par inclination.
Voilà, de vos vertus, la définition,
Et dans ſes traits cachez, toute votre ame peinte.

LISIDOR.

Cruelle, pouvez-vous porter à cet excès?...

LA MARQUISE.

Murmurez, plaignez-vous, ſoit, je vous le permets,
Le Plaideur qui perd ſon procès,
Dans ſa premiere violence,
Peut, le reſte du jour, éclater au Palais,
Contre ſon Juge, & contre ſa Sentence;
Mais il faut qu'elle ſoit exécutée après.

Vous êtes dans le cas, usez de la licence.
Ma bonté, va plus loin, elle veut vous donner,
Par grace, une heure, encor, pour vous déterminer.
Mais ce temps écoulé, sans appel, je prononce,
Et je vous bannis sans retour.
Adieu, profitez bien de cette heure du jour,
Voilà ma derniere réponse.

Elle sort.

SCENE IX.

LISIDOR *seul.*

O Secret!... ô!... serment qui tiens mon cœur lié.
Comment rompre aujourd'hui ta chaine;
Et désarmer l'injuste haine,
Sans trahir l'austere amitié!

Fin du second Acte.

ACTE III.

SCENE PREMIERE.

LA MARQUISE, DUBOIS.

DUBOIS.

MONSIEUR Rosimon vient Madame ;
D'envoyer un détachement
De l'Opéra secrettement
Pour chanter le bonheur de sa discrette flamme.

LA MARQUISE.

Son Cousin est secret au même point que lui.

DUBOIS.

Et vos muets, Madame ?

LA MARQUISE.

Ils ont tous fui.
Le silence forcé, que gardoient ces idoles,

Offroient, à mes regards, un ſingulier plaiſir ;
Mais ſuffoqué par les paroles,
Il ne peuvent les contenir.
Dans la peur d'étouffer, ils leur livrent paſſage,
Et confus du tourment qu'ils viennent de ſouffrir,
Ils m'audiſſent leur eſclavage,
Et jurent, en partant, de ne plus revenir.

DUBOIS.

Je ſuis attendri de l'image,
Et je me ſens pour eux pénétrer de pitié.

LA MARQUISE.

Je n'ai triomphé qu'à moitié.
Mais pour combler ce badinage,
Il faut que Liſidor ſoit dignement payé.

DUBOIS.

Il mérite...

LA MARQUISE.

Sans doute, il mérite de l'être,
Ce que je viens d'apprendre acheve en ces inſtans
De me le faire mieux connoître ;
Pour couronner ſa vertu, je l'attens,
S'il a la modeſtie, ici de reparoître.

DUBOIS.

Vous ne l'attendrez pas longtemps,
Il entre.

SCENE II.

LA MARQUISE, LISIDOR, DUBOIS.

LISIDOR.

JE reviens, pour vous faire une inſtance.
Accordez-moi, Madame, un ſurcis des plus courts.
Vous ſçaurez tout demain, & le ſecret d'Hortenſe...

LA MARQUISE.

Ne m'intéreſſe plus. Tenons d'autres diſcours
Qui nous ſeront plus agréables.
Vous êtes maintenant dans la poſition.

LISIDOR.

De qui ?

LA MARQUISE.

De vos rivaux aimables.
Vous les égalez tous par la diſcretion.
Comme eux, vous avez ſçu vous taire.

LISIDOR.

Vous m'offenſez par la comparaiſon.
Je ſuis...

LA MARQUISE.

Sans tranſport, ſans colere,
L'enjoûment ſeul eſt ici de ſaiſon.
Ainſi décidez-vous, & traittons cette affaire
Gaiement, d'une façon legere.

Le férieux n'eft jamais bon.
Vous ne recevrez plus de moi de billet tendre.
Vous les cachez trop mal, Monfieur.

LISIDOR.

J'ai caché le vôtre.

LA MARQUISE.

Oui, Marton le fçait par cœur.

LISIDOR.

C'eft mon valet, c'eft ce coquin!
Il ne mourra que de ma main.

LA MARQUISE.

Vain courroux, qui ne fert, Monfieur qu'à vous confondre,
Un Maître doit toujours répondre
De l'imprudence de fes gens,
Et choifir mieux fes confidents;
Ou plûtôt, il doit, quand il aime,
N'en avoir d'autre que lui-même.

LISIDOR.

Ce reproche eft trop jufte, & je fuis criminel,
J'ai dû prévoir ce coup cruel.
Souffrez...

LA MARQUISE.

Oh! point de pathetique!
Dès qu'il paroît ici, l'ennui furvient.

LISIDOR.

Votre rigueur m'allarme; & l'effroi me retient.

LA MARQUISE.

Encore un coup, Monſieur, quittez ce ton tragique,
Le ton badin eſt le ſeul qui convient,
Et le ſujet de lui même eſt comique.

LISIDOR.

Vous badinez : pour me punir
La haine vous conduit.

LA MARQUISE.

Oui ! la haine eſt mon guide.

LISIDOR.

Un ſexe né pour plaire, eſt-il fait pour haïr ?

LA MARQUISE.

Pour haïr vos défauts, & pour s'en divertir.

LISIDOR.

L'Amour...

LA MARQUISE.

Eſt triſte, ennuyeux à périr ;
Mais le vôtre ſurtout jamais ne ſe déride,
Il eſt toujours pleureur, & l'amour qui gémit
Ne vaut pas la haine qui rit.

DUBOIS.

Monſieur croit la vôtre irritée.

LA MARQUISE.

Non, elle ne l'eſt point, non, elle eſt enchantée ;
Voilà, cet homme ſi parfait,
Dont les vertus paſſent toutes les nôtres :
Je viens de le convaincre, & lui prouve en effet,

Qu'il eſt volage, hypocrite, indiſcret.
Jugez par lui de tous les autres.

LISIDOR.

Ah ! c'eſt, pour me punir, aſſez d'un ſeul forfait.
Ne chargez point mon cœur qui vous adore,
D'un plus affreux qu'il n'a pas fait.
Prononcez mon arrêt, ſans me noircir encore.

LA MARQUISE.

Il eſt tout prononcé.

LISIDOR.

Quel eſt-il ? je l'ignore.

LA MARQUISE.

Mais, c'eſt celui de vos rivaux.
Vous devez, puiſqu'en tout, vos crimes ſont égaux,
Subir le même ſort, jouer le même rôle,
Comme eux, je vous condamne à perdre la parole.

LISIDOR.

Tout dur qu'eſt cet arrêt, je n'oſe en appeller,
Et du tourment de ne pouvoir rien dire,
Un ſoupir, un regard ſçaura me conſoler,
Vous permettrez d'ailleurs que je ſoupire.

LA MARQUISE.

Oui, vous pourrez, Monſieur, même gémir, pleurer, rire,
Chanter, ſi vous voulez, mais ſans articuler.

DUBOIS.

Monſieur va donc auſſi faire un cours de ſilence.

LA MARQUISE.

Il s'instruira dans la science
De la prudence & du secret.
C'est un noviciat qu'aujourd'hui devroit faire,
Tous nos jeunes Marquis qui ne sçauroient se taire.

DUBOIS.

Ah ! si leur bouche se taisoit,
De mille mots nouveaux, elle nous priveroit,
Car chaque jour par eux la langue est enrichie.
Que deviendroit la Comédie ?
Au Théâtre, au Foyer ! Qui donc décideroit !
Dans les cercles du monde : Eh ! qui persifleroit !
Qui prodigueroit l'ironie !
Qui sans appel prononceroit
Sur une mode, une étoffe jolie !
Qui vanteroit pour eux les explois de leur vie !
Ce seroit un vrai meurtre, & Paris y perdroit.

LA MARQUISE.

Une foule d'extravagances,
Y perdroit un jargon tissu de médisances ;
Mais tout mon sexe y gagneroit.
Lui, qu'indiscretement leur babil deshonore.

DUBOIS.

Et souvent à crédit, en l'ennuyant encore :
Monsieur leur servira de modele parfait.

LISIDOR.

Oüi, je me fais, de l'être, une gloire suprême :
Mais afin que l'exemple ait un plus grand effet,
Il doit m'être donné par la beauté que j'aime.

Vous êtes ma maîtresse en tout, parconséquent
Vous devez avec moi pratiquer le silence,
Pour m'en faire leçon, & m'y rendre sçavant.
J'y ferai du progrès bien plus rapidement,
Quand j'apprendrai de vous cette science.

DUBOIS.

Oüi, le coup, étant double, en sera plus frappant.

LA MARQUISE.

Vous voulez m'enchaîner à votre châtiment,
Monsieur, j'admire votre adresse.

LISIDOR.

Ce que j'en fais, d'honneur, est par délicatesse,
Et par égard pour vous uniquement.
Moi, je me tais pour prouver ma tendresse;
Mais vous devez vous taire, vous,
Pour servir votre sexe en dépit des jaloux,
Contre un préjugé qui le blesse,
Madame, & pour montrer à tous,
Qu'en discrétion même, il l'emporte sur nous.

LA MARQUISE.

Eh bien! me voilà prête à soutenir sa gloire.
Ce discours me pique d'honneur.
Voyons qui de nous deux se taira mieux, Monsieur.
Pour preuve que je suis sûre de la victoire,
Je me dépouille de mes droits,
Et me soumets au sort, qui suivra la défaite,

LISIDOR.

Votre grandeur d'ame est parfaite;
Mais quel sera ce sort!

LA MARQUISE.

Puiſqu'il eſt de mon choix
Et qu'à l'honneur du corps, il faut que je m'immole,
Le premier de nous deux qui rompra la parole,
Sera ſujet de l'autre, & recevra ſes loix.

LISIDOR.

Douce condition! Je vous ſuis redevable.
Dans ce nouveau, traité qui m'eſt ſi favorable;
Vous riſquez tout, je ne hazarde rien.
Votre cœur eſt maître du mien,
Et vous vous expoſez à devenir ſujette:
Mon pis aller eſt de l'être toujours
J'en fais le bonheur de mes jours,
Et ma peine devient une faveur complette.

LA MARQUISE.

Pour mieux vous abbaiſſer, Monſieur, je vous l'ai faite.
Je prépare à mon ſexe un triomphe éclatant,
Sur le bruïant cauſeur, ſur le mauvais plaiſant,
Qui par cent traits uſés, qui tombent de vieilleſſe,
Nous reproche un babil, dont il fait ſon talent;
Mais qu'il exerce mal toujours par maladreſſe.
Pour apprendre à parler, il faut auparavant,
Il faut, que d'une femme, il apprenne à ſe taire,
Et je lui veux montrer cet art prudent.
Du Bois nous ſervira d'interprêtre ordinaire.
Je commence, & voici l'inſtant,
Où je vais m'impoſer un ſilence ſévere.
Imitez-moi, Monſieur.

LISIDOR.

Votre exemple eſt ma loi.
Et c'eſt le dernier mot que ma bouche profere.

DUBOIS.

J'eſpere avec honneur de remplir mon emploi.
J'ai la parole en main, & c'eſt dommage
Que je ne ſois avec cet heureux don,
Fem.... Paix, taiſons-nous, mauvais ton.
J'allois lâcher par un mauvais uſage,
Un lieu commun hors de ſaiſon,
Contre un ſexe que doit honorer tout le monde,
Devant, Madame, encor qui juſtement nous fronde.
Je dois mieux m'obſerver ; je ſuis....
Je ſuis préſentement l'Orateur du logis.
Je tiens même le rang d'homme de compagnie,
Je le ſuis de Madame : en cette qualité,
Je dois prendre le ton & l'air de dignité ;
Qui veut qu'en m'égayant, ſeulement je ſourie,
Fuir, comme un poiſon déteſté,
Toute vieille plaiſanterie,
Et préférer la ſingularité
Du bel eſprit du jour, qui ſe perd dans les nuës,
A l'antique ſimplicité
Du ſens commun qui court les ruës.

SCENE

SCENE III.

LA MARQUISE, LISIDOR, ARLEQUIN, DUBOIS.

ARLEQUIN.

Je vous cherche, Monſieur. Madame, pardonnez.
La choſe preſſe, allons, Monſieur venez.
Quoi ? Vous me ſaluez d'un revers ſur la face ?

DUBOIS.

Il en demande excuſe,

ARLEQUIN.

Il ſe mocque de moi.

DUBOIS.

C'eſt à Madame, non à toi.
Il t'eût déja, ſans elle, aſſommé ſur la place,

ARLEQUIN.

Et pourquoi donc, à quel ſujet ?

DUBOIS.

Pour avoir parlé du billet.

ARLEQUIN.

Oh ! ce n'eſt qu'à Marton, c'eſt un autre-moi-même.
A Colombine auſſi, je l'ai dit en ſecret.
Mais j'en répons, ſa reſerve eſt extrême.

DUBOIS.

Tai toi, butord, que vas tu reveler ?
Ce ſot aveu redouble ſa colere.

ARLEQUIN.

Son courronx eſt vraiment plus fort qu'à l'ordinaire,
Puiſqu'il l'empêche de parler.

DUBOIS.

Il eſt muet; Madame auſſi.

ARLEQUIN.

Madame eſt folle,
Et par contagion, il eſt extravagant.

DUBOIS.

Je te dis que ton maître a perdu la parole.

ARLEQUIN.

Mais il l'a donc perdue ici ſubitement;
Tout-à-l'heure il cauſoit;

DUBOIS.

C'eſt depuis un moment.

ARLEQUIN.

Ah! ce ſilence eſt ridicule.
Et s'il ne parle pas, la peſte! il geſticule.
Tien, dans ſa rage encore, il me roſſe de l'œil:
Sans la peur qu'il me fait, j'éclaterois de rire
De les voir tous les deux muets dans un fauteuil.
Qui les rend tels?

DUBOIS.

Monſieur, puiſqu'il faut te le dire,
Eſt muet par amour, Madame par orgueil.

ARLEQUIN.

Et tous deux par folie, ou du moins par gageure.
Mais ne plaiſantons pas, dans cette conjoncture,

Il faut qu'il parle indiſpenſablement.
Duſſiez vous m'étrangler, je ne puis-plus me taire,
Votre intérêt, Monſieur, me le défend :
On doit juger au plûtôt votre affaire ;
Votre Avocat vous preſſe, il vous attend.
Cent mille livres ! cette ſomme
Vaut bien la peine de parler !
Plaît-il ? m'entendez-vous ? pas le mot. Ah ! quel homme !
Le voilà ruiné, ſon ſort me fait trembler.

DUBOIS.

Pour ſon ſilence, ô ! la terrible épreuve !
Si Monſieur Liſidor tient bon,
Madame après une ſi forte preuve,
Ne pourra plus douter de ſa diſcrétion.
Peu d'hommes ſe tairoient dans ſa poſition.
Il fait ſigne à préſent qu'il voudroit vous écrire.
Madame, accordez-lui cette permiſſion ;
Il la mérite bien ; cette inclination
Vous dit, Monſieur, qu'on y daigne ſouſcrire ;
Ainſi donnez l'eſſor à votre paſſion.
Sur le papier comme ſa main s'eſcrime !
C'eſt un torrent, par ſa rapidité
Qu'on juge de l'activité
De l'amour ſecret qui l'anime.

ARLEQUIN.

Il vaudroit mienx parler dans ces inſtans,
Pour ſauver ſon bien du nauffrage,

Que d'écrire ce griffonnage,
Qui lui va, vêutrebleu, couter cent mille francs.

Lisidor après avoir écrit, présente sa Lettre à la Marquise, qui fait signe à Dubois de la prendre & de la lire tout haut.

DUBOIS *lit.*

Mon intérêt n'est rien, mon amour vous l'immole,
Mais au défaut de la parole,
Il m'inspire lui-même un moyen qui me rit,
C'est de converser par écrit.
Les entretiens font tout, pour animer les nôtres,
Nos gens nous prêteront leur voix.
Marquise, mes Billets seront lûs par Dubois:
Arlequin me fera la lecture des vôtres,
Et nous nous parlerons sans enfraindre nos loix.

Après avoir lû.

L'invention me plaît, elle est des plus sensées.
Nous allons tous les deux briller de vos pensées:
Et nous n'aurons jamais eu tant d'esprit.

La Marquise lit.

ARLEQUIN.

Fi de l'esprit qui me ruine.
Il ne vaut pas, quoi qu'il rafine,
Le gros bon sens qui m'enrichit,
C'est du clinquant que l'on admire:
Pour moi, je m'y prête à regret,

DUBOIS.

Par la raiſon que tu ne ſçais pas lire ;
Et tu vas mettre en piéce ce Billet,

Il lui donne la Réponſe.

ARLEQUIN.

Tu me piques, je vais lire d'une maniere,
Qui va me faire honneur, & prouver le contraire;
Lire en femme de qualité.
Ecoute, le bon ton ſera bien imité.

Il lit en contrefaiſant la Marquiſe.

J'adopte votre idée, on peut en confidence,
Par cet ingenieux moyen,
S'avouer tout, Monſieur, ſans rompre le ſilence.
Pour profiter des droits d'un ſi doux entretien,
Dites-moi le ſecret d'Hortenſe,
Et mon cœur vous dira le ſien.

DUBOIS.

Le tour eſt fin, ou je me donne au diable.
Pour tirer un ſecret, Madame eſt admirable.
Voyons un peu ce qu'il y répondra.

ARLEQUIN.

Moi je ne conçois point cette fineſſe-là,
Ét je la trouve miſérable.

DUBOIS *lit le Billet qu'Arlequin lui remet.*

Lire, dans votre cœur ne peut trop ſe payer ;
Mais écrire un ſecret, c'eſt toujours le commettre :
Je le puis d'autant moins confier au papier,
Que nos gens l'apprendroient, en vous liſant ma Lettre ;

Et qu'ils pouroient le publier.
Ma disgrace m'apprend à ne m'y plus fier.

DUBOIS.

Voilà ce qu'aujourd'hui ton babil nous procure,
Par l'indiscrétion d'un seul particulier,
Tout un Corps est flétri.

ARLEQUIN.

Bon, legere blessure!
Nôtre Corps est robuste, & brave cette injure.

Il lit la réponse.

Je crains autant que vous le caquet de nos gens;
Mais pour parer ce contre-tems,
Moi seule, du Billet, je ferai la lecture;
Et du secret, par-là, votre ame sera sûre.

DUBOIS.

Ah! je crains la réponse.

ARLEQUIN.

Elle te reviendra:
Nous serons maintenus, qu'ai-je dit? la voilà.

Il donne le Billet à Dubois.

DUBOIS *lit.*

Madame, un autre obstacle à votre ordre s'oppose:
Un Billet peut se perdre & divulguer la chose.

La Marquise prend le Billet & le déchire de dépit, Rosimon entre, & Arlequin sort.

SCENE IV.

LA MARQUISE, LISIDOR, ROSIMON, DUBOIS.

ROSIMON.
MADAME, je viens vous apprendre,
En attendant l'instant. . . . .

DUBOIS.
De donner votre bal.

ROSIMON.
Une grande nouvelle, & qui va vous surprendre.
Hortense qui montroit pour le nœud conjugal,
L'aversion la plus mortelle;
Hortense. . .

DUBOIS.
Achevez donc, j'ose vous en prier.

ROSIMON.
Mais ce Dubois est familier:
A l'entretien, toujours cet homme-là se mêle.
Je m'adresse à Madame.

DUBOIS.
Oh! je parle pour elle,
Elle a fait, de se taire, un vœu particulier,
Avec votre cousin.

ROSIMON.
Voilà du singulier.

DUBOIS.

Apprenez-nous votre nouvelle.

ROSIMON *à la Marquise.*

Hortenſe *incognito* vient de ſe marier ;
La choſe eſt ſûre, & pour mieux l'appuyer,
Gens de grand nom, me l'ont apriſe.
Mais quoi? vous vous troublez, Marquiſe!

DUBOIS.

Hortenſe eſt ſon amie: elle y prend intérêt.

ROSIMON.

Mais à ſon air, il y paroît.

DUBOIS.

Madame vous demande avec beaucoup d'inſtance,
Si vous ſçavez à qui l'Hymen unit Hortenſe.

ROSIMON.

Le nom de ſon Epoux eſt encore ignoré ;
C'eſt le point du ſecret qui n'a point tranſpiré.

DUBOIS.

Et celui dont ſon cœur veut avoir connoiſſance ;
Il le payroit au poids de l'or.

ROSIMON.

Qu'elle interroge Liſidor.
Chez Hortenſe, on dit qu'il préſide :
Perſonne ne l'en peut inſtruire mieux que lui.
Il eſt ſon ame en tout, ſon conſeil, ſon appui.

LA MARQUISE.

Ah ! c'eſt lui-même ! le perfide !

LISIDOR.

Douce injure ! tranſport charmant !

Vous avez parlé la premiere,
Et je triomphe heureusement.

LA MARQUISE.

Mon dépit m'a trahie, ah! que viens-je de faire?

LISIDOR.

Le bonheur du plus tendre Amant.

LA MARQUISE.

Non, non, ingrat, ce n'est qu'une surprise;
Et j'en appelle à mon ressentiment.

ROSIMON.

Je deviens à mon tour muet d'étonnement.

LISIDOR.

Ne vous repentez point, mon aimable Marquise;
D'avoir rompu ce silence cruel.
Par votre propre loi, si vous m'êtes soumise;
Pour notre bonheur mutuel,
J'emploirai contre vous cette heureuse puissance;
Et je forcerai votre cœur,
Par une douce violence,
A couronner...

LA MARQUISE.

La fausse ardeur
D'un homme noirci d'inconstance,
Qui d'une autre est l'époux.

LISIDOR.

Sortez de votre erreur.
Ce n'eſt pas moi, qui ſuis l'époux d'Hortenſe.

LA MARQUISE.

Qui l'eſt donc?

SCENE V.

Les Acteurs précédens, LEANDRE.

LEANDRE.

C'Est moi, ma ſœur.

LA MARQUISE.

Vous, mon frere!

LEANDRE.

Oui, je vole exprès pour vous le dire,
Et pour finir entre vous un tourment,
Dont j'étois l'auteur innocent.
Je n'ai pu l'abréger, ni plutôt vous inſtruire:
Par l'inſtance & le poids d'un homme diſtingué,
L'oncle d'Hortenſe enfin vient d'être ſubjugué:
Notre hymen obtient ſon ſuffrage.
Rien ne manque au bonheur dont ces nœuds ſont ſuivis.
Il aſſûre à ſa niéce un brillant héritage,
Et pour mettre le comble à l'ouvrage,
Il ne me reſte plus que de vous voir unis.

LA MARQUISE.

Lisidor est fidéle !

LISIDOR.

Autant qu'il est sincere,
Autant qu'il est discret.

DUBOIS.

Et désintéressé.
Cette qualité-là vaut bien l'art de se taire.

LA MARQUISE.

Dans ce siécle, qui l'eut pensé !
Un véritable amant n'est plus une chimere,
Ce phoenix enfin, ce trésor,
Je le trouve dans Lisidor.

ROSIMON.

A chaque mot qu'elle profere,
Ma surprise redouble encor.

Il sort.

SCENE VI. *& derniére.*

Les Acteurs précédens.

LEANDRE *à la Marquise.*

VOTRE coeur reste-t-il dans sa misantropie ?

LA MARQUISE.

Non, avec votre sexe, il se réconcilie.

LISIDOR.

De ce retour charmant, le mien eſt tranſporté.

LA MARQUISE.

Un feu ſi plein de vérité,
Ne permet plus que je balance.
Recevez le prix du ſilence,
Que ma main donne à la fidélité.

FIN.

APPROBATION.

J'Ai lû par Ordre de Monſeigneur le Chancelier, une Comédie qui a pour titre, *Le Prix du Silence*, & je crois que l'on peut en permettre l'impreſſion. A Paris ce 9. Mars 1751. CRÉBILLON.

De l'Imprimerie de BALLARD, ſeul Imprimeur du Roi pour la Muſique, rue Saint-Jean-de-Beauvais, à Sainte Cécile.

www.ingramcontent.com/pod-product-compliance
Ingram Content Group UK Ltd.
Pitfield, Milton Keynes, MK11 3LW, UK
UKHW021623260726
13994UKWH00003B/1049